BEI GRIN MACHT SICH IHR WISSEN BEZAHLT

AF140755

- Wir veröffentlichen Ihre Hausarbeit, Bachelor- und Masterarbeit

- Ihr eigenes eBook und Buch - weltweit in allen wichtigen Shops

- Verdienen Sie an jedem Verkauf

Jetzt bei www.GRIN.com hochladen und kostenlos publizieren

Bibliografische Information der Deutschen Nationalbibliothek:

Die Deutsche Bibliothek verzeichnet diese Publikation in der Deutschen National-bibliografie; detaillierte bibliografische Daten sind im Internet über http://dnb.d-nb.de/ abrufbar.

Impressum:

Copyright © 2017 GRIN Verlag, Open Publishing GmbH
Druck und Bindung: Books on Demand GmbH, Norderstedt Germany
ISBN: 9783668484511

Dieses Buch bei GRIN:

http://www.grin.com/de/e-book/370733/der-koran-und-mohammed-ein-ueberblick-zur-unterrichtsvorbereitung

Franziska Salau

Der Koran und Mohammed. Ein Überblick zur Unterrichtsvorbereitung

GRIN Verlag

GRIN - Your knowledge has value

Der GRIN Verlag publiziert seit 1998 wissenschaftliche Arbeiten von Studenten, Hochschullehrern und anderen Akademikern als eBook und gedrucktes Buch. Die Verlagswebsite www.grin.com ist die ideale Plattform zur Veröffentlichung von Hausarbeiten, Abschlussarbeiten, wissenschaftlichen Aufsätzen, Dissertationen und Fachbüchern.

Besuchen Sie uns im Internet:

http://www.grin.com/

http://www.facebook.com/grincom

http://www.twitter.com/grin_com

Inhalt

1. Einleitung

Die beiden Hauptquellen des Islams sind der Koran und die Sunna.[1] Als Sunna wird der vorbildliche Weg des Propheten Mohammeds bezeichnet.[2] Dieser Weg wurde von unterschiedlichen Gewährsleuten in verschiedenen sogenannten Hadithen in schriftliche Form gebracht.[3] Die Autorität der Sunna ist dem Koran zu entnehmen.[4] Der Koran ist die Verschriftlichung des direkten Offenbarungswortes Allahs.[5]

Im Folgenden wird zunächst genauer auf die erste Hauptquelle des Islams, dem Koran, eingegangen. Danach wird der Werdegang und das Leben Mohammeds beschrieben, da diese zwei Aspekte einen wichtigen Bestandteil des Korans ausmachen. Zum Schluss vergleicht der ganze Kurs gemeinsam die Darstellung Jesus im Koran und in der Bibel, betrachtet verschiedene Bilder und bespricht, ob diese für den Unterricht geeignet sind.

---

[1] Vgl. Khoury, Adel Th.: Der Islam. Sein Glaube – seine Lebensordnung – sein Anspruch. 1. Aufl. Breisgau: Herder Taschenbuch Verlag 1988 S. 35.
[2] Vgl. ebd. S. 35.
[3] Vgl. ebd. S. 42.
[4] Vgl. ebd. S. 42.
[5] Vgl. ebd. S. 35.

2. Der Koran: Allgemeines

Das Wort Koran stammt von dem arabischen Wort Qur 'an.[6] Dieses stammt vom Verb qua 'n ab, was so viel wie lesen oder vortragen bedeutet.[7] In der Sure 96, 1 lautet die erste Aufforderung an Mohammed „Trage vor!"[8] Daraus schlussfolgert Khoury, dass der Koran das direkte Offenbarungswort Allahs darstelle, durch welches er seinen souveränen Willen kundtue.[9] Der Koranbestätige die Tora und das Evangelium, bringe diese zur Vollendung und hebe sie letztlich auf.[10] Genau weil er eben das direkte Offenbarungswort Allahs sei, daher nicht menschlichen Ursprungs, wie die Tora und das Evangelium zum größten Teil, könne er diese demzufolge aufheben. Für Moslems ist der Koran heilig, daher wird ein vorsichtiger Umgang mit ihm vorausgesetzt. Um ihn zu ehren, soll er an einem hohen Platz gelagert werden.

2.1 Koran: Bildbeschreibung

Mohammed receiving revelaion from the angel:

11

---

[6] Vgl. ebd. S. 36.
[7] Vgl. ebd. S. 36.
[8] Der Koran. Aus dem Arabischen neu übertragen von Hartmut Bobzin unter Mitarbeit von Katharina Bobzin. München: C. H. Beck 2010. Sure 96, Vers 1.
[9] Vgl. Khoury, Adel Th.: Der Islam. Sein Glaube – seine Lebensordnung – sein Anspruch. 1. Aufl. Breisgau: Herder Taschenbuch Verlag 1988 S. 35.
[10] Vgl. ebd. S. 36.
[11] https://www.google.de/search?q=mohammed+1.+offenbarung&client=firefox-b&source=lnms&tbm=isch&sa=X&ved=0ahUKEwjy_eWQ08LSAhVDWywKHfmOAEwQ_AUICigD&biw=1138&bih=549&dpr=1.2#imgrc=KwLBacnXNS4XkM:

Im ersten Schritt beschrieben die Studenten/innen zunächst das hier zu sehende Bild.

Auf der linken Seite ist ein Engel zu sehen, der mit dem Finger auf den Mann auf der rechten Seite zeigt. Hier wurde sofort erkannt, dass es sich bei dem Mann um Mohammed handeln müsse. Dieser trägt ein langes Gewand und einen Turban um den Kopf. Er sitzt auf einem Hügel. Im Hintergrund sind blaue Berge oder Bäume erkennbar.

2.2 Koran: Entstehung

Mohammed solle den Koran in seiner ersten Offenbarung durch den Engel Gabriel empfangen haben.[12] Der Koran sei damit also auf das Wort genau von Allah inspiriert. Dies nennt man Verbalinspiration.[13] Sehr gläubige Moslems glauben sogar, dass der Koran eine Abschrift aus einem Urbuch sei, welches es im Himmel gebe.[14] Aus diesem Originalbuch solle Mohammed Gabriel während seiner ersten Offenbarung vorgelesen haben. Die verschiedenen Offenbarungen, die Mohammed im Laufe der Zeit erhalten habe, verkündete er danach in der Öffentlichkeit.[15] Schriftlich festgehalten wurde dies schon zu Lebzeiten Mohammeds und später durch seine Begleiter.[16] Eine erste vollständige Ausgabe des Korans entstand 632 – 643 unter dem Khalif Abū.[17] Diese Ausgabe wurde jedoch nie vollständig anerkannt und offiziell eingeführt. 644 -656 entstand eine weitere Auflage unter dem Khalif Uthman, welche von einem ehemaligen Sklaven, der Mohammeds Stiefsohn und wichtiger Begleiter war, geschrieben wurde.[18] Kalif Uthman schickte mehrere Ausgaben an die Hauptzentren der arabischen Reiche: Arabien, Syrien und Irak.[19] Interessant ist außerdem, dass diese letzte Fassung als Grundlage der bis heute geltenden arabischen Grammatik gewesen sein soll.

---

[12] Vgl. Bobzin, Hartmut: Der Koran. Eine Einführung. 1. Aufl. München: C. H. Beck'sche Verlagsbuchhandlung 1999 S. 26.
[13] Vgl. http://www.duden.de/suchen/dudenonline/Verbalinspiration
[14] Vgl. Bobzin, Hartmut: Der Koran. Eine Einführung. 1. Aufl. München: C. H. Beck'sche Verlagsbuchhandlung 1999 S. 38.
[15] Vgl. Khoury, Adel Th.: Der Islam. Sein Glaube – seine Lebensordnung – sein Anspruch. 1. Aufl. Breisgau: Herder Taschenbuch Verlag 1988 S. 36.
[16] Vgl. ebd. S. 36.
[17] Vgl. ebd. S. 36.
[18] Vgl.ebd. S. 36 f.
[19] Vgl. ebd. S. 37.

Bei erneuter Betrachtung des Bildes konnten die Studenten/innen feststellen, dass hier Mohammeds erste Offenbarung abgebildet ist. Zur rechten steht der Engel Gabriel, der Mohammed mit seinem Finger vermutlich befiehlt zu lesen und rechts sitzt, wie bereits bei erster Betrachtung vermutet, Mohammed.

2.3 Der Koran: Form

Um den Studenten zu zeigen, wie der Koran aussieht und wie er aufgebaut ist, gab ich zwei verschiedene deutschsprachige Versionen des Korans herum.

Der Koran besteht aus 114 Suren (Sūra = Abschnitte / Kapitel), die jeweils in Verse (Āya = Zeichen) aufgeteilt sind.[20] Er ist nicht chronologisch nach seiner Entstehung aufgebaut.[21] Es fällt auf, dass die ersten Suren meist länger sind als die letzten, aber es gibt kein strenges Ordnungsprinzip. Des Weiteren ist er nicht als zusammenhängender Fließtext zu lesen, sondern jede Sure wird einzeln betrachtet.[22] Der Titel der einzelnen Suren erinnert an Teile des Inhalts , wie beispielsweise „Sure 4: Die Frauen"[23]. Diese Sure behandelt neben dem Thema Frauen ebenfalls Themen wie zum Beispiel Erbrecht. Alle Suren beginnen mit der Anrufung des Namens Allahs (basmala): „Im Namen Allahs, des Erbarmers, des Barmherzigen."[24] Die einzige Ausnahme hierzu stellt Sure 9 dar. Ein Erklärungsversuch hierfür ist, dass diese Sure Bestimmungen zum Kampf gegen Nichtmoslems auflistet und Allah gegenüber Nichtmoslems nicht als barmherzig dargestellt werden soll.[25]

Für die richtige Deutung der Suren ist ihre Datierung wichtig, da alle späteren Suren, die neuen aufheben.[26] Das ist sehr wichtig, da sich die Themen in den verschiedenen Suren wiederholen und zum Teil widersprüchlich sind. Der gesamte Koran ist in dreißig Abschnitte eingeteilt.[27] Dies dient im Ramadan dazu, dass ein Abschnitt pro Tag vorgelesen werden kann.[28] Nach dreißig Tagen endet der Ramadan und das gesamte

---

[20] Vgl. Pollmann, Leo: Was steht wirklich im Koran?. 1. Aufl. Darmstadt: WBG 2009 S. 9.
[21] Vgl. Khoury, Adel Th.: Der Islam. Sein Glaube – seine Lebensordnung – sein Anspruch. 1. Aufl. Breisgau: Herder Taschenbuch Verlag 1988 S. 37.
[22] Vgl. ebd. S. 37.
[23] Koran Sure 4.
[24] Vgl. Khoury, Adel Th.: Der Islam. Sein Glaube – seine Lebensordnung – sein Anspruch. 1. Aufl. Breisgau: Herder Taschenbuch Verlag 1988 S. 37.
[25] Vgl. ebd. S. 37.
[26] Vgl. http://www.oekmak.homepage.t-online.de/themen/referate/erdoel/cdat/islam.htm
[27] Vgl. ebd.
[28] Vgl. ebd.

Buch wurde vorgelesen. Die Sprache des Korans gelte als das schönste Arabisch und sei von unübertrefflicher Harmonie und Vollkommenheit.[29] Es soll als Vorlage für viele Schriftsteller und Poeten aus dem arabischen Bereich gegolten haben und gilt bis heute.[30] Außerdem ist auffällig, dass Allah immer in „Wir"- oder „Ich"- Form zu den Menschen spricht.[31] Dies soll vermutlich ein Gemeinschaftsgefühl und Zugehörigkeit erzeugen.

2.4 Der Koran: Inhalt

Im Koran kann zwischen mekkanischen Suren und den medinensischen Suren unterschieden werden.[32] Die mekkanischen Suren (610 – 622) handeln oft vom jüngsten Gericht und sind meist gefühlvoller, lyrischer und toleranter als die späteren Suren nach der Auswanderung Mohammeds nach Medina.[33] Die medinensischen Suren (622- 632) behandeln häufiger ausführliche kultische oder rechtliche Vorschriften zum Beispiel die Erbteilung oder das Scheidungsrecht.[34] Bei ihnen ist auch ein deutlich kämpferischerer Ton und eine größere Ablehnung von Juden und Christen bemerkbar.[35] Dies ist durch den Werdegang Mohammeds erklärbar, auf den im Punkt 3 genauer eingegangen wird.

Allgemein zusammengefasst beinhalten die Suren folgende Themen: Verordnungen und Empfehlungen, Ermahnungen und Belehrungen, endzeitliche Warnungen, Schilderungen und Ankündigungen des Jüngsten Gerichts, Erzählungen von Propheten wie die des Abraham, Noha, David, Moses oder Jesus – dies zeigt deutlich die Verwandtschaft zum Juden- und Christentum.[36] Außerdem wird oftmals Bezug zu Ereignissen aus Mohammeds Leben genommen. Die Kenntnis über den Lebensweg Mohammeds sei also grundlegend für die Interpretation des Korans.[37]

---

[29] Vgl. ebd.
[30] Vgl. ebd.
[31] Vgl. ebd.
[32] Vgl. Bobzin, Hartmut: Der Koran. Eine Einführung. 1. Aufl. München: C. H. Beck´sche Verlagsbuchhandlung 1999 S. 123.
[33] Vgl. Bobzin, Hartmut: Der Koran. Eine Einführung. 1. Aufl. München: C. H. Beck´sche Verlagsbuchhandlung 1999 S. 30 ff.
[34] Vgl. ebd. S. 30. ff.
[35] www.oekmak.homepage.t-online.de/themen/referate/erdoel/cdat/islam.htm.
[36] Vgl. Bobzin, Hartmut: Der Koran. Eine Einführung. 1. Aufl. München: C. H. Beck´sche Verlagsbuchhandlung 1999 S. 36 – 44.
[37] Vgl. ebd. S. 27.

2.4 Der Koran: Grundwerte

Um den Studenten/innen eine genauere Vorstellung von den Themen und dem Inhalt des Korans zu verschaffen, habe ich einige Grundwerte, die im Koran behandelt werden aufgeführt:

Gerechtigkeit, Gemeinwohl vor Eigennutz, Familiensinn, Bescheidenheit, Ehrlichkeit, Sauberkeit, Verlässlichkeit, Opferbereitschaft, Mitgefühl, Tapferkeit, etc.[38]

2.5 Das Selbstverständnis des Korans

Gläubige Moslems sehen den Koran als unfehlbar, unwandelbar und unnachahmlich für alle Zeiten.[39] Außerdem sei er inhaltlich geschlossen, er sei frei von Widersprüchen und gelte als wissenschaftlich zuverlässig.[40] Für einen streng gläubigen Moslem sind die gerade genannten Punkte selbstverständlich, da wie oben beschrieben, der Koran direkt von Allah kommt. Daher könne er unmöglich fehlbar sein. Moslems, die nicht streng an diese Verbalinspiration glauben, denken, dass das Wort Gottes (der Inhalt) ewig sei und die Hülle (die Laute und Buchstaben) erschaffen seien.[41]

Der Koran gilt für viele Muslime als Norm alles sittlichen Handelns. Er ist das Fundament aller gesetzlichen Bestimmungen.[42] Dies bezieht sich demnach auch auf die Familienordnung, soziale Ordnungen und politische Ordnungsvorstellungen. Für strenge Muslime erhebt sich der Koran über alles weltliche, also steht er über dem menschlichen Gesetz:

> „Auch bei Auseinandersetzungen und in Zwischenfällen ist der Koran Schiedsrichter und letzte Instanz. [...] So begleitet der Koran die Menschen in ihrem Leben, im Alltag und in den besonderen Anlässen, mit seiner Richtleitung, mit seiner Belehrung, und seiner Urteilshilfe und seinen praktischen Anweisungen. In jeder Situation findet der Gläubige passende Stellen des Korans, die ihn ermuntern, im Gehorsam gegen den Willen Gottes auszuharren."[43]

Zudem gilt er als Wunderwerk, da Muhammed Analphabet gewesen sei.[44]

---

[38] Hier kann ich nicht eine bestimmte Quelle angeben, da ich dies aus den verschiedenen Büchern und den Suren entnommen habe.
[39] Vgl. www.oekmak.homepage.t-online.de/themen/referate/erdoel/cdat/islam.htm.
[40] Vgl. ebd.
[41] Vgl. ebd.
[42] Vgl. Khoury, Adel Th.: Der Islam. Sein Glaube – seine Lebensordnung – sein Anspruch. 1. Aufl. Breisgau: Herder Taschenbuch Verlag 1988 S. 39.
[43] Vgl. Khoury, Adel Th.: Der Islam. Sein Glaube – seine Lebensordnung – sein Anspruch. 1. Aufl. Breisgau: Herder Taschenbuch Verlag 1988 S. 39 f.
[44] Vgl. ebd.

2.6 Koranübersetzungen

„Siehe, wir sandten es herab als Lesung auf Arabisch, vielleicht begreift ihr ja."[45]

Dieser Vers zeigt deutlich, dass Mohammed den Koran auf Arabisch empfangen hat. Die Botschaft ist also, dass er auch auf Arabisch verkündet werde. Strenge Muslime würden den Koran sogar eher auf Arabisch lesen als eine Übersetzung zu akzeptieren, auch wenn sie kein arabisch verstehen,.[46] Eine Koranübersetzung verfälsche seine Aussagen und sei gegen den Willen Allahs. Eine Unterdisziplin der Koranwissenschaft arbeitet sogar daran, die sprachliche Unnachahmlichkeit des Korans zu erweisen.[47]

Die erste deutsche Übersetzung entstand im 17. Jahrhundert aus dem Italienischen.[48]

3. Der Koran: Probleme und Konflikte

Nach dem oben beschriebenen Informationen über den Koran stellte ich dem Kurs die Frage:

„Welche Probleme und Konflikte könnten sich bei der Auseinandersetzung mit dem Koran ergeben?"

Antworten:

- Schwierigkeiten einer hermeneutischen Auslegung aufgrund der wortwörtlichen Offenbarung
- Innere Konflikte für moderne Muslime zum Beispiel Einhaltung der weltlichen Gesetze, ein modernes Leben in einer westlichen Gesellschaft, Verschleierung der Frau
- Verständnisprobleme, da man den Koran eigentlich nur auf Arabisch lesen sollte

---

[45] Koran, Sure 12,2.
[46] Vgl. www.oekmak.homepage.t-online.de/themen/referate/erdoel/cdat/islam.htm
[47] Vgl. ebd.
[48] http://www.eslam.de/begriffe/q/pdf/altedeutschequrane.pdf.

- Probleme mit anderen Religionen: Aufgrund der wortwörtlichen Offenbarung sei der Koran unverfälscht und richtig zum Beispiel im Vergleich zum Juden- und Christentum
- Aktuell durch die Flüchtlingskriese: Großer Kulturschock für Menschen, die aus Ländern kommen, in denen das islamische Gesetz (die Scharia) gilt

Weitere Frage an den Kurs:

„Weiß jemand von euch, was die Scharia ist?"

Antwort: „Die Scharia ist das Gesetzbuch (also das Gesetz) in den Ländern, wo der Islam regiert."

3.1 Die Scharia

Die Scharia als Rechtsgrundlage in islamischen Ländern

◯ Scharia als Rechtsordnung ◎ zusammen mit anderem Rechtssystem ◐ in Teilen des Landes

Anteil der Muslime an der Bevölkerung
- über 80%
- 50-80%
- 40-50%
- *bedeutende Minderheit*

Marokko · Algerien · Mauretanien · Mali · Gambia · Nigeria · Syrien · Jordanien · Ägypten · Saudi-Arabien · Sudan · Eritrea · Djibouti · Komoren · Iran · Kuwait · Katar · Bahrain · Jemen · Malediven · Afghanistan · Pakistan · VAE · Oman · Bangladesh · Malaysia · Brunei · Indonesien

Grafik: © APA, Quelle: APA **APA** 49

[49] https://www.google.de/search?q=die+scharia+karte&client=firefox-b&source=lnms&tbm=isch&sa=X&ved=0ahUKEwihtqmy8v7RAhWDBZoKHY5dCyoQ_AUICCgB&biw=1138&bih=549#imgrc=7KxW89iP0IezVM:.

Diese Karte zeigt die verschiedenen Länder, in denen die Scharia zum Teil oder komplett als rechtsgültig gilt.

„Die Scharia ist der Königsweg, die gerade Straße, das ideale Gesetz Gottes, das allen menschlichen Gesetzwerken überlegen ist, weil als sein Urheber Gott selbst gilt. Mit der Offenbarung des Korans, den Aufzeichnungen der Überlieferung und den daraus abzuleitenden Gesetzen der Scharia hat Gott dem Menschen alles Erforderliche mitgeteilt, damit er die Angelegenheiten seines diesseitigen Lebens im Einklang mit dem Willen Gottes regeln kann."

Die Quellen der Scharia sind die Sunna und Der Koran.[50] Durch sie werden Religion und Gesetz unmittelbar miteinander verbunden. In den Staaten in denen sie gilt herrscht Theokratie. Die Gültigkeit der Scharia wird im islamischen Staat nicht bestritten, aber ihre Auslegung ist unterschiedlich, zum Beispiel im Bereich familiärer Umstände (soziale Unterschiede), Stadt oder Land. Sie reguliert das Verhalten in der Öffentlichkeit, der Privatperson und des Glaubens.[51] In einem islamischen Staat fühlt sich der Islam beauftragt das islamische Recht zur Anwendung zu bringen.[52]

Beispiele für Schariagesetzte:

- Diebstahl: Amputation der rechten Hand[53]
- Verleugnung des Korans, Muhameds oder Allahs: Todesstrafe[54]
- Ein Moslem, der konvertiert oder einen Nichtmoslem heiratet: Todesstrafe[55]
- Frauen sind ab dem neunten Lebensjahr heiratsfähig (Ein Mann darf bis zu vier Frauen heiraten)[56]
- Beschneidung der Frau (ca. 6000 bis 8000 Frauen werden pro Tag verstümmelt) → Beschneidungsgegner wehren sich stark dagegen, dass dies aus dem Koran oder der Sunna ableitbar sei[57]
- Ungehorsam der Frau: Schläge / Peitschenhiebe[58]

---

[50] Vgl. Celler, Michael: Der Koran für Nichtmuslime. 2. Aufl. Hans-Jürgen Maurer Verlag 2014. S. 106 ff.
[51] Vgl. ebd. S. 106 ff.
[52] Vgl. ebd. S. 106 ff.
[53] Vgl. http://www.billionbibles.org/sharia/sharia-law.html.
[54] Vgl. ebd.
[55] Vgl. ebd.
[56] Vgl. ebd.
[57] Vgl. http://www.watson.ch/Schweiz/International/744751580-7-Fakten-zur-weiblichen-Genitalverst%C3%BCmmelung--Zum-Beispiel-sind-in-der-Schweiz-%C3%BCber-10'000-M%C3%A4dchen-betroffen.
[58] Vgl. http://www.billionbibles.org/sharia/sharia-law.html.

- Frauen dürfen kein Auto fahren, ihre Aussage zählt vor Gericht die Hälfte von der eines Mannes, Frauen dürfen nach einer Vergewaltigung nicht vor Gericht aussagen[59]

4. Mohammed

60

4.1 Mohammed vor seiner Berufung

Mohammed ist ca. im Jahre 570 in Mekka geboren.[61] Um seine Geburt ranken übernatürliche Zeichen: Die Schwangerschaft seiner Mutter soll unnatürlich leicht gewesen sein.[62] Außerdem habe seine Amme unnatürlich viel Milch gegeben.[63] Sein Name bedeutet „Der Gepriesene".[64] Seine Eltern hießen Abdallah und Amina und seien beide bis zu seinem sechsten Lebensjahr verstorben.[65] Nach einem kurzen Aufenthalt bei seinem Großvater, der ebenfalls verstarb, kam Mohammed zu seinem Onkel Abu Talib.[66] Dieser war ein einflussreicher Handelsmann und Führer der Haschemiten, ein

[59] Vgl. ebd.
[60] http://chromatism.net/current/images/mohammedkitsch2.jpg.
[61] Vgl. Celler, Michael: Der Koran für Nichtmuslime. 2. Aufl. Hans-Jürgen Maurer Verlag 2014. S. 64.
[62] Vgl. www.oekmak.homepage.t-online.de/themen/referate/erdoel/cdat/islam.htm.
[63] Haikal, Muhammad Hussain: Das Leben Muhammads. 1. Aufl. Siegen: Tackenberg Verlag 1987. S. 57 f.
[64] Vgl. Celler, Michael: Der Koran für Nichtmuslime. 2. Aufl. Hans-Jürgen Maurer Verlag 2014. S. 64.
[65] Vgl. ebd. S. 64.
[66] Vgl. ebd. S. 64.

besonders erfolgreicher, wohlhabender Clan.[67] Unter seiner Obhut sollte Mohammed selbst ein Handelsmann werden und wurde schnell zum Leiter eigener Karawanen.[68] Im Alter von zwanzig Jahren kam er in den Dienst der reichen Handelskauffrau Chadidscha.[69] Sie machte ihn letztlich zu einem erfolgreichen Handelskaufmann.[70] Er heiratete die fünfzehn Jahre ältere Frau und bekam mit ihr zwei Jungen und vier Mädchen.[71] Die Jungen starben im frühen Kindesalter.[72] Seine vier Töchter wurden verheiratet.[73] Nur Fatima überlebte und nahm bei den Sheiten eine besondere Stellung ein.[74] Sie gehört als einzige Frau zu den zwölf Unfehlbaren.[75] Die Ehe von Mohammed und Chadidscha wird als außerordentlich liebevoll beschrieben.[76] „Die Bedeutung von Chadidscha für Mohammeds Leben muss, wie alle Quellen es schildern, überragend gewesen sein."[77]

4.2 Mohammeds Berufung: 1. Offenbarung (Sure 96)

Ca. 610, als Mohammed vierzig Jahre alt war, fastete und meditierte er öfter in einer Höhle auf dem Berg Hira, nahe Mekka.[78] Bei einem dieser Meditationen solle ihm der Engel Gabriel erschienen sein, der ihn aufforderte beziehungsweise zwang zu lesen – also die Botschaft Allahs öffentlich zu verkünden.[79] Nach der Lesung solle er wie aus einem Traum erwacht sein und die Worte verinnerlicht haben.[80] Durch diese Vision Mohammeds werde er von Gabriel zum Gesandten Allahs ernannt. Als Mohammed aus der Höhle rausgekommen sei, riefe der Engel zu ihm: „Mohammed! Du bist der Gesandte Allahs und ich bin Gabriel."[81]

---

[67] Vgl. Haikal, Muhammad Hussain: Das Leben Muhammads. 1. Aufl. Siegen: Tackenberg Verlag 1987. S. 63 ff.
[68] Vgl. ebd. S. 63 ff.
[69] Vgl. ebd. S. 69.
[70] Vgl. ebd. S. 69.
[71] Vgl. ebd. S. 78.
[72] Vgl. ebd. S. 78.
[73] Vgl. ebd. S. 79.
[74] Vgl. Khoury, Adel Th.: Der Islam. Sein Glaube – seine Lebensordnung – sein Anspruch. 1. Aufl. Breisgau: Herder Taschenbuch Verlag 1988 S. 78.
[75] Vgl. www.oekmak.homepage.t-online.de/themen/referate/erdoel/cdat/islam.htm.
[76] Vgl. Celler, Michael: Der Koran für Nichtmuslime. 2. Aufl. Hans-Jürgen Maurer Verlag 2014. S. 73.
[77] Celler, Michael: Der Koran für Nichtmuslime. 2. Aufl. Hans-Jürgen Maurer Verlag 2014. S. 73.
[78] Vgl. Khoury, Adel Th.: Der Islam. Sein Glaube – seine Lebensordnung – sein Anspruch. 1. Aufl. Breisgau: Herder Taschenbuch Verlag 1988 S. 78.
[79] Vgl. ebd. S. 78.
[80] Vgl. ebd. S. 78 f.
[81] https://www.orientdienst.de/muslime/minikurs/berufung_mohammeds/.

Nach dieser Offenbarung kehrte Mohammed verstört und verängstigt zu seiner Frau zurück. [82] Nachdem weitere Offenbarungen eine Zeit lang ausblieben, zweifelte Mohammed stark an seinem Verstand und befürchtete vom Teufel besessen zu sein. [83] Nach einiger Zeit wiederholte sich die Vision und die Berufung und Mohammed wurde klar, dass er zum Propheten bestimmt worden war. [84]

[85]

Dieses Bild veranschaulicht nochmals Mohammeds Begegnung mit dem Engel Gabriel auf dem Berg Hira.

4.3 Mohammeds Botschaften

Ab der zweiten Offenbarung predigte Mohammed folgendes:

- Allah ist der **allein** wahre Gott[86]
- Allah wird eines Tages das Gericht halten[87]

[82] Vgl. Khoury, Adel Th.: Der Islam. Sein Glaube – seine Lebensordnung – sein Anspruch. 1. Aufl. Breisgau: Herder Taschenbuch Verlag 1988 S. 78.
[83] Vgl. ebd. S. 78.
[84] Vgl. ebd. S. 78.
[85] https://www.google.de/search?q=mohammeds+1.+offenbarung&client=firefox-b&source=lnms&tbm=isch&sa=X&ved=0ahUKEwibq4rPuqnSAhWKshQKHeTjC5AQ_AUICigD&biw=1138&bih=549&dpr=1.2#tbm=isch&q=mohammeds+1.+offenbarung+engel&*&imgrc=DOG6-R_H7N1EAM:.
[86] Vgl. http://www.oekmak.homepage.t-online.de/themen/referate/erdoel/cdat/islam.htm.
[87] Vgl. ebd.

- Geschichten über die Propheten[88] (diese korrigieren Juden und Christen)
- Regeln für die islamische Gemeinschaft[89]
- Lehre über Gott / die Schöpfung / die Geister / das Paradies / die Hölle[90]

An diesen Punkten erkennt man deutlich, dass der Koran ohne Mohammed und sein Leben undenkbar wäre.

Diese Botschaften Mohammeds führten zu Ablehnung und Hass gegen ihn und ihm blieb letzten Endes nur noch die Flucht übrig.[91]

4.4 Hidschra: von Mekka nach Medina

Aufgrund der vielen Gegner in Mekka wanderte Mohammed mit nur insgesamt 73 Gefährten von Mekka nach Medina aus.[92] In diesem Jahr beginnt das erste Jahr der islamischen Zeitrechnung.[93] Diese Auswanderung, genannt Hidschra, führte zu einem Wendepunkt im Leben des Propheten. In diesem Jahr wurde offiziell der Islam gegründet und die erste Moschee erbaut.[94] Aus diesem Grund wird Medina auch „Die Stadt des Propheten" genannt (Mekka, Jerusalem und Medina gelten als heilige Städte).[95] Angekommen in Medina, vergrößerte sich die Anhängerzahl um Mohammed sehr schnell.[96] Des Weiteren ist auffällig, dass Mohammed in dieser Zeit viele verschiedene blutige Kriege führte (vor allem gegen Juden).[97] Auch seine Offenbarungen und Lehren werden hier gewaltvoller und radikaler.[98] Im Jahre 630 zog er mit einer Streitmacht zurück nach Medina, eroberte Mekka und gewann fortan auch dort Anhänger. 632 machte er schließlich seine letzte Pilgerfahrt von Medina nach

---

[88] Vgl. ebd.
[89] Vgl. ebd.
[90] Vgl. ebd.
[91] Vgl. Khoury, Adel Th.: Der Islam. Sein Glaube – seine Lebensordnung – sein Anspruch. 1. Aufl. Breisgau: Herder Taschenbuch Verlag 1988 S. 80.
[92] Vgl. Pollmann, Leo: Was steht wirklich im Koran? 1. Aufl. Darmstadt: WBG 2009 S. 71.
[93] Vgl. Khoury, Adel Th.: Der Islam. Sein Glaube – seine Lebensordnung – sein Anspruch. 1. Aufl. Breisgau: Herder Taschenbuch Verlag 1988 S. 80 f.
[94] Vgl. Pollmann, Leo: Was steht wirklich im Koran? 1. Aufl. Darmstadt: WBG 2009 S. 71.
[95] Vgl. Khoury, Adel Th.: Der Islam. Sein Glaube – seine Lebensordnung – sein Anspruch. 1. Aufl. Breisgau: Herder Taschenbuch Verlag 1988 S. 80 ff.
[96] Vgl. ebd. S. 80 ff.
[97] Vgl. www.oekmak.homepage.t-online.de/themen/referate/erdoel/cdat/islam.htm.
[98] Vgl. ebd.

Mekka, genannt Hadsch.[99] Im Juni 632 wurde Mohammed überraschend krank und starb in der Stadt Medina.[100]

5. Jesus in der Bibel und im Koran

Zuerst teilte ich die Studenten in Gruppen ein und stellte ihnen die Frage:

„Wer ist Jesus für uns Menschen? Schreibt bitte in 2-3 Sätzen auf wer Jesus für uns Christen ist und welche Bedeutung er für uns hat."

Das Ergebnis notierte ich in Stichworten an der Tafel:

- Sohn Gottes (Trinität)
- Heilig
- Lehrer
- Erlöser
- Ganz Mensch / ganz Gott
- Wanderprediger
- Messias
- Wundertäter
- Jude

Daraufhin verteilte ich acht verschiedene Suren aus dem Koran an die Gruppen (siehe Anhang) und ließ die Studenten/innen die Merkmale von Jesus herausarbeiten:

- Jesus nur ein Mensch
- Verkünder / Lehrer
- Jesus war ein Moslem
- Jesus wurde **nicht** gekreuzigt (tatsächlich glauben strenge Moslems, dass der Mann am Kreuz ein anderer, Jesus ähnlich sehender Mann, war
- Sohn Marias
- Lehrer der Weisheiten der Tora und des Evangeliums

---

[99] Vgl. ebd.
[100] Vgl. Khoury, Adel Th.: Der Islam. Sein Glaube – seine Lebensordnung – sein Anspruch. 1. Aufl. Breisgau: Herder Taschenbuch Verlag 1988 S. 83.

- Jesus als Schöpfer (mit Allahs Erlaubnis)
- Jesus als Heiler und Arzt
- Jesus als Erwecker der Totender Totenerwecker
- Heiliger Geist – aber kein Teil Gottes!
- Jesus hat Mohammed angekündigt

Nachdem beide Bilder von Jesus an der Tafel zusammengefasst wurden, besprachen und verglichen wir diese.

6 Bilder für den Unterricht

Zuletzt zeigte ich einige Bilder und stellte die folgende Frage:

„Kann man diese Bilder im Unterricht verwenden und wenn ja in welcher Klassenstufe?"

1. [101]

Dieses Bild wurde für die Klassenstufen 5 oder 6 eigeordnet, um die SuS mit dem Namen Mohammed vertraut zu machen und zu erklären, wie der Islam entstanden ist.

---

[101] https://www.google.de/search?q=mohammed+1.+offenbarung&client=firefox-
b&source=lnms&tbm=isch&sa=X&ved=0ahUKEwjy_eWQ08LSAhVDWywKHfmOAEwQ_AUICigD&
biw=1138&bih=549&dpr=1.2#imgrc=KwLBacnXNS4XkM:.

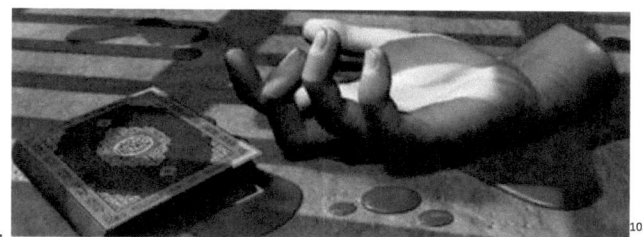

2. [102]

Bei diesem Bild wurde festgestellt, dass es für den evangelischen Religionsunterricht ungeeignet ist, da es zu einer starken Polarisierung führen könnte. Das Thema Islam würde zu wenig besprochen werden können, um so ein extremes Bild behandeln zu können.

3. [103]

Dieses Bild wurde ebenfalls in die Oberstufe eingeordnet. Nachdem Grundlagenwissen in beiden Religionen gesammelt werden konnte, kann man diese dann in der Oberstufe vergleichen.

---

[102] https://www.google.de/search?q=schraria+hand&client=firefox-b&source=lnms&tbm=isch&sa=X&ved=0ahUKEwiSxrz408LSAhVhSZoKHVVPCggQ_AUICCgB&biw=1138&bih=549&dpr=1.2#imgrc=oiEXiUVLeqaLRM:.
[103] Vgl. https://www.google.de/search?q=baby+mohammed&client=firefox-b&source=lnms&tbm=isch&sa=X&ved=0ahUKEwiv9uDC1t3SAhXChSwKHecMBPAQ_AUICCgB&biw=1138&bih=549#tbm=isch&q=mohammed+und+jesus&*&imgrc=uDQE4wtmgnQ0xM:

Quellen

Bücher:

- Bobzin, Hartmut: Der Koran. Eine Einführung. 1. Aufl. München: C. H. Beck´sche Verlagsbuchhandlung 1999
- Celler, Michael: Der Koran für Nichtmuslime. 2. Aufl. Hans-Jürgen Maurer Verlag 2014
- Der Koran. Aus dem Arabischen neu übertragen von Hartmut Bobzin unter Mitarbeit von Katharina Bobzin. München: C. H. Beck 2010.
- Haikal, Muhammad Hussain: Das Leben Muhammads. 1. Aufl. Siegen: Tackenberg Verlag 1987
- Khoury, Adel Th.: Der Islam. Sein Glaube – seine Lebensordnung – sein Anspruch. 1. Aufl. Breisgau: Herder Taschenbuch Verlag 1988
- Pollmann, Leo: Was steht wirklich im Koran?. 1. Aufl. Darmstadt: WBG 2009

Internetseiten:

- https://www.google.de/search?q=mohammed+1.+offenbarung&client=firefox-b&source=lnms&tbm=isch&sa=X&ved=0ahUKEwjy_eWQ08LSAhVDWywKHfmOAEwQ_A UICigD&biw=1138&bih=549&dpr=1.2#imgrc=KwLBacnXNS4XkM:
- http://www.duden.de/suchen/dudenonline/Verbalinspiration
- http://www.oekmak.homepage.t-online.de/themen/referate/erdoel/cdat/islam.htm
- http://www.eslam.de/begriffe/q/pdf/altedeutschequrane.pdf.
- https://www.google.de/search?q=die+scharia+karte&client=firefox-b&source=lnms&tbm=isch&sa=X&ved=0ahUKEwihtqmy8v7RAhWDBZoKHY5dCyoQ_AUI CCgB&biw=1138&bih=549#imgrc=7KxW89iP0IezVM:.
- http://www.billionbibles.org/sharia/sharia-law.html.
- http://www.watson.ch/Schweiz/International/744751580-7-Fakten-zur-weiblichen-Genitalverst%C3%BCmmelung--Zum-Beispiel-sind-in-der-Schweiz-%C3%BCber-10'000-M%C3%A4dchen-betroffen.
- http://www.billionbibles.org/sharia/sharia-law.html.
- http://chromatism.net/current/images/mohammedkitsch2.jpg.
- https://www.orientdienst.de/muslime/minikurs/berufung_mohammeds/.
- https://www.google.de/search?q=mohammeds+1.+offenbarung&client=firefox-b&source=lnms&tbm=isch&sa=X&ved=0ahUKEwibq4rPuqnSAhWKshQKHeTjC5AQ_AUICi gD&biw=1138&bih=549&dpr=1.2#tbm=isch&q=mohammeds+1.+offenbarung+engel&*&imgr c=DOG6-R_H7N1EAM:.
- https://www.google.de/search?q=mohammed+1.+offenbarung&client=firefox-b&source=lnms&tbm=isch&sa=X&ved=0ahUKEwjy_eWQ08LSAhVDWywKHfmOAEwQ_A UICigD&biw=1138&bih=549&dpr=1.2#imgrc=KwLBacnXNS4XkM:.
- https://www.google.de/search?q=schraria+hand&client=firefox-b&source=lnms&tbm=isch&sa=X&ved=0ahUKEwiSxrz408LSAhVhSZoKHVVPCggQ_AUIC CgB&biw=1138&bih=549&dpr=1.2#imgrc=oiEXiUVLeqaLRM:.
- https://www.google.de/search?q=baby+mohammed&client=firefox-b&source=lnms&tbm=isch&sa=X&ved=0ahUKEwiv9uDC1t3SAhXChSwKHecMBPAQ_AUI CCgB&biw=1138&bih=549#tbm=isch&q=mohammed+und+jesus&*&imgrc=uDQE4wtmgnQ0 xM: